少林武术精粹系列丛书

少林棍术（一）

德虔　德炎　编著

北京体育大学出版社

责任编辑：孙运娟
责任校对：曹晓燕
版式设计：李　鹤

图书在版编目（CIP）数据

少林棍术. 一 / 德虔, 德炎编著. -- 北京 : 北京体育大学出版社, 2022.1
（少林武术精粹系列丛书）
ISBN 978-7-5644-3585-1

Ⅰ. ①少… Ⅱ. ①德… ②德… Ⅲ. ①少林武术－棍术(武术)－套路(武术) Ⅳ. ①G852.25

中国版本图书馆CIP数据核字(2022)第007640号

少林棍术（一）
SHAOLIN GUNSHU(YI)
德虔　德炎　编著

出版发行：北京体育大学出版社
地　　址：北京海淀区农大南路1号院2号楼2层办公B-212
邮　　编：100084
网　　址：http://cbs.bsu.edu.cn
发 行 部：010-62989320
邮 购 部：北京体育大学出版社读者服务部 010-62989432
印　　刷：北京昌联印刷有限公司
开　　本：880mm × 1230mm　1/32
成品尺寸：148mm × 210mm
印　　张：2
字　　数：39千字
版　　次：2022年1月第1版
印　　次：2022年1月第1次印刷
定　　价：13.80元

前　言

武术作为中国的国粹，是中华民族传统文化的组成部分。家喻户晓的少林武术便是其中极具代表性的门类，是中国武术的重要象征。

我社与少林武术结缘已久，伴随着时光的流逝，有多种内容、多样组合、各种形式的载有少林武术的出版物，源源不断地从我社注入市场，为方兴未艾的少林武术热潮平添了更高的热度。可以说，少林武术图书一直与我社相伴相随，成为我社具有长期出版价值的图书门类。其中，少林武术图书的编纂者——已故的王长青（法号释德虔）先生功不可没。他经年累月锲而不舍，寻于寺院、觅于乡间，挖掘出大量尘封的少林武术资料，继而分门别类梳理、整饬成一册册书稿，并与我社携手努力，打造出独树一帜的武术图书板块，为我社的武术图书出版打开了新局面。

今天，在着力弘扬中华优秀传统文化，树立和增强文化自信的大背景下，我社将以往出版的少林武术书籍重新进行了编排，以全新的面貌推出“少林武术精粹系列丛书”，这是我社多年来少林武术出版情结的延续，是对积累和沉淀的少林武术资源的再一次整合与展示，更紧密契合了时代的要求。

通过这套书，读者可以研习刚柔相济、闪转腾挪的少林功夫，可以感悟其中凝结的中华智慧，可以领略武术文化的博大精深……这便是我社对这套书出版价值的期待。

目 录

少林风火棍

动作名称

预备势

1.开山棍

2.上步地翻身

3.莲花舞

4.提棍不饶人

5.左右两扫腿

6.回马刺咽喉

7.千斤把面伤

8.挥舞倒滚身

9.前刺开敌炮

10.转身撩阳

11.闭住千斤门

12.上步千斤走

13.莲花绕绕走

14.挑走泰山势

15.后用脑袋棍

16.鹞子翻身

17.白猿献棒

18.大破元王门

19.白猿归穴

收　势

动作图解

预备势

两脚并步站立，右手握棍，左手握拳，抱于腰间，目视前方。（图1）

图 1

1.开山棍

抬右脚向左踢棍根，左手接棍，原地跳步成左弓步，向前刺棍（图2）；右脚上前成右弓步，向前亮棍，左手在上，右手在下，目视前方（图3）。

图 2

图 3

2.上步地翻身

身体左转90度，两腿下蹲成马步，两手握棍舞半花，再握棍向地下打，目视棍梢。（图4）

图 4

3.莲花舞

两脚不动，两手握棍随身舞花，目视右侧（图5）；身体左转90度，成左弓步，棍向前刺，目视棍梢（图6）。

图 5

图 6

4.提棍不饶人

右脚向前上一步，成右弓步，棍梢向上向后抡，再向前挑，目视前方。（图7）

图 7

5.左右两扫腿

上体稍右转，上左脚成左弓步，棍由后上方向前下方打（图8）；上右脚成右弓步，棍由右向左抡一圈，横打（打棍绕前头而过），目视棍梢（图9）。

图 8

图 9

6.回马刺咽喉

右脚向后落于左脚后，两腿成叉步，身体右转360度（移步转身时握棍舞花），左脚后退一步，成右弓步，棍往前上方刺（棍随身抡），目视棍梢。（图10）

7.千斤把面伤

两脚不动，上体左转90度，抬左脚向左跨一步，成左弓步，身体再左转90度，两手握棍由右下方向左上方再向下打，目视棍梢。（图11）

图 10

图 11

8.挥舞倒滚身

抬左脚向前上一步，跳步向右转360度，落地成左弓步，棍向下打，目视棍梢。（图12）

9.前刺开敌炮

抬右脚向前上一步，身体左转180度，右腿屈膝成右弓步，棍随身向前打，目视棍梢。（图13）

图 12

图 13

10.转身撩阳

抬左脚向前上一步，身体右转180度，成右弓步，棍随身舞花由上向下打，再由下向上挑，目视前方。（图14）

11.闭住千斤门

身体左转180度，右脚向前上一步成右弓步，两手握棍上架于头上前方，目视前方。（图15）

图 14

图 15

12.上步千斤走

两脚不动，两手挥棍由左向右向上绕头一圈，再向前向下打，目视棍梢。（图16）

13.莲花绕绕走

右脚向后退一步，身体右转90度，再上左脚，成左弓步，两手握棍向左上方插，上身向左倾探，目视前方，目视前方。（图17）

图 16

图 17

14.挑走泰山势

身体左转90度，收左脚起身，再上左脚成左弓步，棍随身抡3个舞花，两手握棍斜向前推（图18）；身体再右转180度，上右脚成右弓步向前推棍（图19）；上左脚向前跳一步，身体右转90度，两腿屈膝成马步，两手握棍向左前方打，目视棍梢（图20）。

15.后用脑袋棍

身体右转90度，两腿成右弓步，两手握棍由左向右下方斜打，目视棍梢（图21）。

图 18

图 19

图 20

图 21

16.鹞子翻身

两脚同时跳起，身体左转180度，落地后两腿成左弓步（图22）；再跳转180度，两腿落地后成右弓步，棍根由下向上挑，目视前方（图23）。

图 22

图 23

17.白猿献棒

右脚后退一步，身体右转90度，两腿屈膝成马步，棍由右向左下方打（图24）；身体再右转，棍由左向右打（图25）；然后起身，上左脚成左弓步，身体稍右转，两手托棍，目视棍梢（图26）。

图 24

图 25

图 26

18.大破元王门

向右滚身360度，抬起两脚向右跳一大步，成左弓步，两手持棍上架前刺，然后身体右转180度，舞花背棍，上身向前微倾，目视前方。

19.白猿归穴

抡棍，转圈，倒步背棍，束身归洞，目视左拳。（图27）

收 势

左脚后退一步，身体左转，右手接棍，收右脚与左脚成并步，棍根落地，竖于身体右侧，左手握拳，抱于腰间，身体挺直，目视前方。（图28）

图 27

图 28

少林达摩棍

动作名称

第一段

预备势

1.霸王竖旗

2.夜叉通天

3.倒打哈狗

4.武松立擂

5.偷劈华山

6.舞花捣棍

7.火花飞蝶

8.济公倒扇

9.横扫千军

10.舞花夹棍

11.云飞当顶

12.回马捣棍

13.绞肠杀棍

14.追蛇入洞

15.跃步刺棍

16.猿猴戏星

17.回头望月

18.金鸡独立

第二段

19.玉女穿梭

20.拨云开天

21.弓步刺棍

22.转身捣棍

23.铁牛耕地

24.火驹奔川

25.仆步劈棍

26.弓步藏棍

27.马步劈棍

28.猿猴戏妖

29.流星赶月

30.降龙伏虎

31.弓步刺棍

32.箭步标棍

33.夜叉穿窗

34.提膝闪劈

第三段

35.饿虎扑食

36.金牛卧地

37.金鸡缠蝶

38.猛虎藏威

39.抽地泉

40.提膝插棍

41.跃步劈棍

42.大圣亮旗

43.倒插杨柳

44.枯树盘根

45.大鹏甩膀

46.回马标枪

47.鹞子钻云

48.力劈华山

49.蝴蝶穿花

50.云里拨灯

51.怀抱瑟琶

收　势

动作图解

第一段

预备势

两脚成八字并立，左手握棍，身体挺直，右手握拳，抱于腰间，目视前方。（图1）

1.霸王竖旗

向左侧上方绞棍，然后抱棍竖于胸前右侧，棍梢向上，目视前方。（图2）

2.夜叉通天

左脚向左迈一步，身体左转90度，收右脚后提，两膝微屈，同时两手向前撩打，然后抖棍，斜立怀中，棍梢向上，目视棍梢。（图3）

图 1

图 2

图 3

3.倒打哈狗

右脚向前落一步，两脚踝地，身体左转180度，右手向上滑把，棍随身由前向后绕头抡劈，然后再向后撩，同时右腿提膝，目视棍梢。（图4）

图 4

4.武松立擂

右脚向前落一步，身体左转90度，两腿屈膝成马步，棍由后随身向前撩，然后反把，棍竖于胸前右侧，棍梢向上，目视左侧。（图5）

5.偷劈华山

身体右转90度，抬左脚向前上一步，身体随之再右转90度，屈膝，两腿成马步，移把，棍由前向后向上绕头向后抡劈，目视前方。（图6）

6.舞花捣棍

两脚踱地，身体右转180度，两腿成叉步，倒把，棍随身舞花，然后向右下方捣棍，目视棍梢。（图7）

图 5

图 6

图 7

7.火花飞蝶

抬左脚向左移一步，两腿成拖步，舞半花，然后由上向下压棍，目视棍梢。（图8）

8.济公倒扇

两脚跳步，向右转体270度，成开步，右手松把握拳，左手握棍绕头向后劈打，目视右前方。（图9）

图 8

图 9

9.横扫千军

抬右脚向前跳一步，左脚上步落于右脚前，同时倒把，握棍由后向前横扫，然后端棍前穿，目视棍梢。（图10）

10.舞花夹棍

抬右脚向前上一步，两腿成右弓步，抡把舞花，向左前方压棍，目视棍梢。（图11）

图 10

图 11

11.云飞当顶

右弓步不变，两手握棍舞花，然后向左后捣把，左手松把，右手持棍绕头旋一周，左手再接把，向前上方斜刺，右脚向前抬起，目视棍梢。（图12）

12.回马捣棍

右脚向后退一步，两脚踮地，身体右转90度，两腿成左弓步，舞花，倒把，棍在头上云旋，然后由右向左捣棍，目视棍梢。（图13）

图 12

图 13

13.绞肠杀棍

右脚上步，落于左脚外侧，成叉步，右手反把，两手握棍由右向左上方闪撩，然后再由右向左绞棍，目视棍梢（图14）；右脚向前上一步，身体左转90度，由左向右绞棍，目视棍梢（图15）。

图 14

图 15

14.追蛇入洞

两脚踝地，身体左转90度，抬右脚向前上一步，成右虚步，两腿微蹲，倒把，棍由左向右上方撩，目视棍梢（图16）；然后左脚上步落于右脚外侧，身体右转180度，两腿成叉步，倒把，由左向右绞棍，然后再向下斜捣，目视棍梢（图17）。

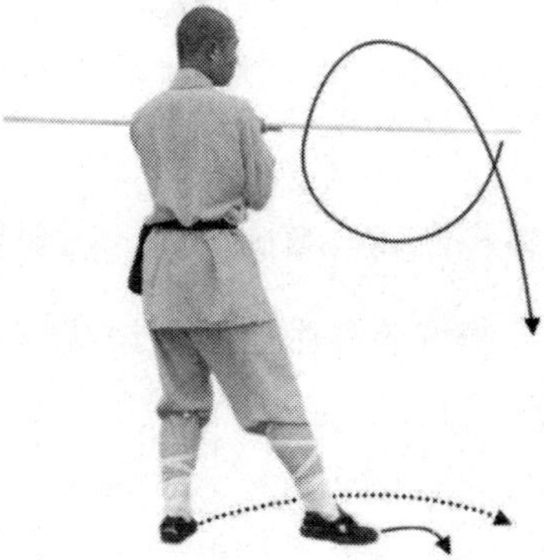

图 16

图 17

15.跃步刺棍

左脚向左移一步，身体右转90度，抬两脚向前跃一大步，左脚落于右脚前，两腿成左弓步，反把，向前用力刺棍，目视棍梢。（图18）

16.猿猴戏星

左脚不动，右脚向后弹蹬，倒把，滑把，两手握棍梢，棍根向上斜捅，同时上体向左倾探，目视前下方。（图19）

图 18

图 19

17.回头望月

右脚落于左脚前一步，身体稍左转，右腿下蹲，左腿伸直，成右弓步，同时舞花，换把，两手握棍随身由右向左绕头云旋一圈，然后竖于胸前右侧，棍根斜向上，目视左侧。（图20）

18.金鸡独立

两脚踩地，身体左转90度，右脚向前上一步，舞花，然后抬左

腿向前提膝，倒把，向前扫棍，再竖于头右侧，棍根向上，目视左侧。（图21）

图 20　　图 21

第二段

19.玉女穿梭

左脚向前落一步，两脚蹍地，身体右转180度，两腿成叉步，舞半花，然后由左向右后方横穿，目视棍梢。（图22）

20.拨云开天

两脚蹍地，身体左转90度，抬左脚向前上一步，舞花，身体随之左转180度，棍由前方向右再往左绕头云旋一圈，同时右腿提膝，向前刺棍，目视棍梢。（图23）

图 22

图 23

21.弓步刺棍

右脚落于左脚前一步，两腿成右弓步，两手握棍向前直刺，目视棍梢。（图24）

22.转身捣棍

右脚向后退一步，身体右转180度，两腿成右弓步，移把，舞花，棍由前向下再随身向前捣把，目视棍梢。（图25）

图 24

图 25

23.铁牛耕地

两脚起跳，身体向左翻转180度，成右弓步，向上滑把，握棍梢

绕头抡棍，然后向右侧地下猛劈棍，目视前下方。（图26）

24.火驹奔川

起身，两脚踩地，身体左转180度，抬右脚向前上一步，两腿成右弓步，换把，绕头旋棍，然后斜竖于胸右上方，棍梢向上，目视左侧。（图27）

图 26　　图 27

25.仆步劈棍

移步，舞花，然后向左翻身跳步，落地成右仆步，棍随身向右前下方猛劈，目视棍梢。（图28）

26.弓步藏棍

起身，身体右转90度，右脚向前上一步，两腿成右弓步，两手握棍由右向下再向左绞，然后绕头抡扫，藏于背后，目视左后方。（图29）

图 28

图 29

27.马步劈棍

左脚踝地，撤右腿，身体左转90度，两腿成马步，同时向外绞棍，然后倒把，棍随身向右侧劈打，目视棍梢。（图30）

28.猿猴戏妖

两脚起跳，身体右转180度，落地后左腿提膝，舞半花，倒把，棍根绕头云旋，然后向左下方斜刺，目视棍梢。（图31）

图 30

图 31

29.流星赶月

左脚落地，抬右脚向左跳一大步，左脚落于右脚左侧一步，两腿成马步，棍由下向右绕头，再向左横刺，目视棍梢。（图32）

30.降龙伏虎

舞花，然后两脚向左腾跃，云棍，两腿成右跪步，左手脱把成立掌，向左推出，掌心向左，右手挽棍于背后，目视左侧。（图33）

图 32

图 33

31.弓步刺棍

起身，向左转体90度，右脚向前上一步，变为拖步，同时左手接棍，舞花，棍向后撩（图34）；然后左脚向前踮跳一步，落于右脚前，两腿成左弓步，然后倒把，两手握棍向前直穿，目视棍梢（图35）。

图 34

图 35

32.箭步标棍

两脚迅速向前跳一大步，成右弓步，反把向前刺棍，目视棍梢。（图36）

33.夜叉穿窗

两脚踊地，身体左转180度，抬右腿向前提膝，舞花，绞棍，然后使棍绕头抡旋，再向前穿棍，目视棍梢。（图37）

图 36

图 37

34.提膝闪劈

右脚向后落一步，两脚踊地，身体左转90度，两腿成叉步，由右向左绞棍，然后滑把握棍由右向左上方闪打，目视左侧（图38）；随即左脚向左移步，两脚踝地，身体左转90度，舞半花，然后棍由右向左闪撩，同时左腿提膝，目视棍梢（图39）。

图 38

图 39

第三段

35.饿虎扑食

左脚向前箭跳一步，身体右转90度，两腿成右仆步，倒把，然后两手握棍由左向右劈压，两臂交叉，左上右下，目视右侧。（图40）

36.金牛卧地

两脚起跳，身体向左翻转180度，落成歇步，同时两手握棍随身绕头横抡，然后斜端于胸前，棍梢斜向上，目视棍根。（图41）

图 40

图 41

37.金鸡缠蝶

起身，两脚踉地，身体右转180度，右腿提膝，同时滑把，两手握棍由左向右绕头缠旋，然后滑把由右向左横穿，棍梢向后，目视左侧。（图42）

38.猛虎藏威

右脚向后落一步，两脚踉地，身体右转180度，两腿成右弓步，同时反把，由前向后绞棍，然后随身向左劈打，顺势斜背于身后，左手脱把变掌向前方推出，目视左前方。（图43）

图 42

图 43

39.抽地泉

两脚踬地，向左转体90度，成左弓步，同时右手握棍由左向右抡打，左手接把，向前下方劈棍，目视前方。（图44）

40.提膝插棍

左脚不动，左腿提膝，同时由左向右绞棍，然后向前下方猛插，目视棍梢。（图45）

图 44

图 45

41.跃步劈棍

左脚向前跃一大步，落地后，两腿成左弓步，同时由右向左绞

棍，然后再由左向右绕头抡棍，再向前下方猛劈，目视棍梢。（图46）

42.大圣亮旗

左脚向后撤半步，右腿上一步，成右虚步，同时由左向右绞棍，再由右向左绞棍，然后舞半花，提棍竖于胸左上方，棍梢向上，目视前方。（图47）

图 46

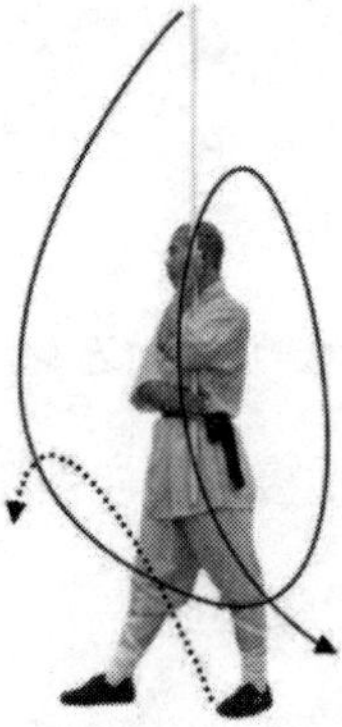

图 47

43.倒插杨柳

右脚不动，抬左腿向前提膝，同时两手向前打棍，舞花，倒把再向后斜刺，目视棍梢。（图48）

44.枯树盘根

左脚向后落一步，成右虚步，同时舞花，倒把，再向前下方打棍（图49）；然后右脚移于左脚外侧一步，两腿成叉步，身体稍向左转，两腿全蹲成歇步，同时倒把，向右下方横劈，棍梢向右，目视右侧（图50）。

45.大鹏甩膀

起身，左脚向左移一步，舞花，移把，两手握棍由右向左侧前方穿刺，同时左腿提膝，目视棍梢。（图51）

图 48

图 49

图 50

图 51

46.回马标枪

左脚落地，向右转体90度，两脚向前跳一步，舞花，向前打棍，再向左后方穿棍，同时抬右腿向后提膝，目视棍梢。（图52）

47.鹞子钻云

右脚向前落一步，舞花，两脚向前弹跳，当全身腾空时，左手脱把向前拍击右脚面，右手持棍，目视前方。（图53）

图 52

图 53

48.力劈华山

右脚向前落一步，两脚踉地，身体左转90度，舞花，然后右腿全蹲，左腿伸直，成左仆步，同时换把，两手握棍向左下方劈，棍梢向左，目视棍梢（图54）；两脚向前跃一大步，两腿成左弓步，同时两手握棍向前刺出，目视棍梢（图55）；随即右脚向前一步，成右弓步，同时上旋舞花换把再向前刺棍，目视棍梢（图56）。

图 54

图 55

图 56

49.蝴蝶穿花

左脚向前踮跳一步，再抬右脚随身向左转体90度，右脚落于左脚前成右虚步，同时倒把，向前下方劈棍，目视棍梢（图57）；然后，左脚向前踮跳一步，落于右脚前成左虚步，同时换把向前下方劈打，棍根向前，目视棍根（图58）。

图 57

图 58

50.云里拨灯

左脚向后退一步，身体左转180度，两腿成左虚步，同时舞花，移把，两手握棍由右向左拨，目视棍梢（图59）；然后，右脚向前上一步，向左转体90度，同时舞花，移把，两手握棍由左向右拨，目视棍梢（图60）。

图 59

图 60

51.怀抱瑟琶

抬左脚向前上一步，同时舞花，再抬右脚移于左脚后外侧一步，向左转体180度，两腿成叉步，舞花，然后棍由右向左横穿，目视棍梢（图61）；随即抬左脚向左移一步，两脚踉地，向右转体180度，两腿全蹲成歇步，同时抡舞花，然后抱棍于胸右侧，棍梢向上，目视左侧（图62）。

图 61

图 62

收 势

起身，两脚踾地，向左转体180度，舞花，然后收右脚与左脚成并步，左手脱棍，右手移把，将棍竖于身体右侧，左手握拳，抱于腰间，拳心向上，身体挺直，目视前方。（图63）

图 63

二路达摩棍

动作名称

预备势
1.马步劈棍
2.虚步撩棍
3.弹腿挑棍
4.提膝捣棍
5.弓步刺棍
6.叉步倒压棍
7.转身背棍
8.马步挑棍
9.上步刺棍
10.叉步后穿棍
11.上步抡棍
12.提膝刺棍
13.弓步刺棍
14.转身后撂棍
15.绞棍挑棍
16.提膝架棍
17.转身托棍
18.提膝刺棍
19.跳步劈棍
20.转身点棍
21.叉步捣棍
22.马步摆棍
23.弓步端棍
24.叉步托棍
25.弹腿扇棍
26.独立斜托棍
27.跳步仆步劈棍
28.独立刺棍
29.歇步背棍
30.并步竖棍
收　势

动作图解

预备势

两脚并立，身体挺直，右手握棍，竖于身体右侧，左手握拳，抱于腰间，拳心向上，目视前方。（图1）

1.马步劈棍

左脚向左跨一步，两腿屈膝半蹲成马步，同时左手接把，两手握棍由右向左劈，目视棍梢。（图2）

图 1

图 2

2.虚步撩棍

两脚蹍地，身体左转90度，抬左脚落于右脚前，两腿微蹲，成左虚步，同时两手滑把，顺绞棍，然后屈肘提棍，目视棍梢。（图3）

3.弹腿挑棍

左脚向前弹踢，同时两手握棍向右抡，然后向前格挑，目视棍梢。（图4）

图 3

图 4

4.提膝捣棍

左脚向前落一步，两脚蹍地，身体右转180度，抬左腿向前提膝，同时两手倒把，随身抡打，然后由前向后斜捣，目视棍梢。（图5）

5.弓步刺棍

左脚向前落一步，两脚蹍地，身体右转180度，两腿成右弓步，同时两手反把，抡顺花，然后向前刺棍，目视棍梢。（图6）

图 5

图 6

6.叉步倒压棍

左脚向前上一步，两脚踬地，身体左转90度，两腿成叉步，右腿在前，左腿在后，同时左手反把，两手握棍由左向右撩摆，目视棍梢（图7）；两脚不动，叉步不变，左手举臂移棍，绞棍，然后两手握棍倒压，目视棍梢（图8）。

图 7

图 8

7.转身背棍

两脚踬地，身体左转90度，左脚向前上一步，两腿成左弓步，同时两手倒把，随身舞花，然后左手脱把变掌前推，掌心向前，右手挽花背棍，目视左掌。（图9）

8.马步挑棍

右脚向前上步，落于左脚前，身体左转180度，右手从后向前抡棍两次，然后左手握住棍梢，向后上方摆棍，目视右侧（图10）；随即两脚踬地，身体右转180度，左脚向前上一步，两腿半蹲成马步，同时两手握棍，由后向前抡打，然后握棍向前刺，目视左侧（图11）。

图 9

图 10

图 11

9.上步刺棍

身体稍左转，右脚向前上一步，两腿成右弓步，同时两手握棍由前向后再往前抡打，然后两手倒把，向前刺棍，目视前方。（图12）

10.叉步后穿棍

收右脚落于左脚右侧半步，身体稍左转，同时两手握棍由前向后绕头抡打，然后向后端棍，目视右侧（图13）；随即右脚向前上半步，同时握棍向前抡打，然后身体左转180度，两腿成叉步，两手倒把，向后穿棍，目视棍梢（图14）。

图 12

图 13

图 14

11.上步抡棍

右脚向右上一步，两手握棍由后向前绕头抡棍，然后抬臂向左侧摆棍，高与肩平，目视棍梢。（图15）

12.提膝刺棍

两脚蹍地，身体左转180度，右腿提膝，同时两手移把，抡顺花，然后倒把向右刺棍，目视棍梢。（图16）

图 15

图 16

13.弓步刺棍

右脚向右落一步，两腿成右弓步，同时两手握棍由前向后抡打，然后向前刺棍，棍梢向前，目视棍梢。（图17）

14.转身后撂棍

左脚向前上一步，身体随之右转90度，同时棍随身抡打，然后向左下方撂棍。（图18）

图 17

图 18

15.绞棍挑棍

两脚踴地，身体左转90度，两腿成左虚步，同时两手滑把绞棍，然后抖腕挑棍，目视棍梢。（图19）

16.提膝架棍

左脚向前踮跳一步，落地后，抬左腿向左侧提膝，同时连续绞棍，然后两手移把架棍，目视棍梢。（图20）

图 19

图 20

17.转身托棍

左脚落地，两脚踴地，身体右转90度，左脚向前上一步，两

腿成左弓步，同时左右舞花，然后两手移把，托棍，目视前方。（图21）

18.提膝刺棍

抬右腿向前提膝，同时两手握棍由前向后再返前绕头抡打，然后滑把前刺，目视棍梢。（图22）

图 21

图 22

19.跳步劈棍

右脚向前落一步，向前抡棍，然后两手移把托棍（图23）；随即两脚向前跳一步，左脚落于右脚前，成左虚步，同时两手握棍随身向前抡打，然后由上向下猛劈，目视棍梢（图24）。

图 23

图 24

20.转身点棍

两脚不动，起身逆绞棍，然后两手倒把，向右侧点棍，目视棍梢（图25）；随即两脚踩地，身体左转180度，右脚向前上一步，同时顺绞棍，然后两手移把，向右侧点棍，目视棍梢（图26）。

图 25

图 26

21.叉步捣棍

两脚踩地，身体左转180度，两腿成叉步，同时两手倒把，随身抡棍，然后向左后下方捣棍，目视棍梢。（图27）

图 27

22.马步摆棍

右脚向前上半步，两手滑把，舞花，目视棍梢（图28）；随即左脚向左跨半步，两腿成马步，向左舞半花，然后向左摆棍，目视棍梢（图29）。

图 28

图 29

23.弓步端棍

两脚蹍地，身体左转90度，右脚向前上半步，两腿成右虚步，同时两手移把由前向后绕头往前云棍，然后向左捣棍（图30）；随即两脚向前跳一步，右脚落于左脚前，两腿成右弓步，同时两手握棍由右向左绕头抡打，然后滑把端棍，抖肩前刺，目视棍梢（图31）。

图 30

图 31

24.叉步托棍

两脚踢地，身体左转90度，左脚向前上一步，两腿成叉步，同时两手滑把、舞花，然后向右后下方捣棍，目视棍梢。（图32）

25.弹腿扇棍

左脚向左移一步，抬右腿向后弹蹬，同时两手握棍由后向左前上方扇打，目视左侧。（图33）

图 32

图 33

26.独立斜托棍

右脚落于左脚外侧半步，两脚蹍地，身体左转180度，左腿提膝，同时两手握棍由上向右往左再返右抡打，然后移把托棍，目视左侧。（图34）

图 34

27.跳步仆步劈棍

左脚不落地，右脚向左横跳一步，左脚落于右脚左侧一步，右腿全蹲，左腿伸直，成左仆步，同时两手移把，由左向右抡棍，然后随身向左下方劈棍，目视棍梢（图35）；随即两脚向右横跳一步，两腿成右仆步，同时两手握棍由左向右劈打，目视棍梢（图36）。

28.独立刺棍

起身，两脚踝地，身体右转90度，左腿提膝，同时两手握棍由右向左抡棍，然后随身向前刺出，目视棍梢（图37）；随即左脚向后落一步，两脚踝地，身体左转180度，右腿提膝，同时两手握棍，随身抡打，然后向前刺棍，目视棍梢（图38）。

图 35

图 36

图 37

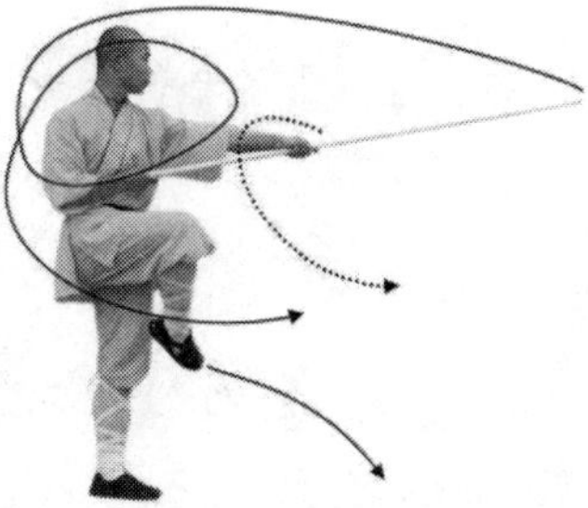

图 38

29.歇步背棍

右脚向前落一步，两脚踝地，身体右转90度，两腿成叉步，两手握棍由前向后绕头返前抡打，然后两腿全蹲成歇步，左手松把，

向左撩掌，右手抓棍向右抡半花，然后背于右肩背后，目视左掌。（图39）

30.并步竖棍

起身，左脚向左横移半步，两脚成八字步，同时右手持棍由后向前抡，然后左手接把，两手把棍竖在胸前右侧，棍梢向上，目视前方。（图40）

图 39

图 40

收 势

两脚不变，左手脱把，右手松把，使棍下滑，棍根击地，左手变拳，抱于腰间，身体挺直，目视前方。